Der Dreißigjährige Krieg

Basiswissen

Ursachen, Ablauf und Folgen des Dreißigjährigen Krieges leicht verstehen und nachvollziehen

Konstantin Bergmann

INHALT

Das erwartet Sie in diesem Buch

Sie haben noch nicht viel über den Dreißigjährigen Krieg gehört oder wissen vielleicht gar nicht, was genau das ist und was hier passierte? Dann bleiben Sie dran, denn dieses Buch beschäftigt sich genau mit der politischen Ausgangslage, dem eigentlichen Auslöser und dem genauen Verlauf dieses so lange andauernden Krieges. Zudem werden die Folgen für die Bevölkerung in dieser Zeit aufgegriffen, das Ende durch den Westfälischen Frieden geklärt und die

Bedeutung eines Krieges mit solchem Ausmaß analysiert.

Der Dreißigjährige Krieg gilt als der längste Krieg im europäischen Raum. Die meisten Kämpfe fanden auf heute deutschem Boden statt, er erzog sich über den Zeitraum von 1618 bis 1648, spielte sich also im 17. Jahrhundert ab. Damals hieß Deutschland allerdings noch Heiliges Römisches Reich Deutscher Nation und bestand aus vielen großen und kleinen Teilgebieten. Der Krieg resultierte aus einem dreifachen Konflikt: Auf der einen Seite standen Auseinandersetzungen zwischen den Katholiken und den Protestanten. Beide Glaubensrichtungen wollten ihre jeweilige Religion durchsetzen und hielten nur diese für die richtige. Sie akzeptierten den anderen Glauben nicht.

Auf der anderen Seite standen einige Konflikte zwischen dem deutschen Kaiser Ferdinand und den ihm unterlegenen Ständen. Diese Streitigkeiten gehen auf die Unstimmigkeiten beim Thema der vermeintlich richtigen Konfession zurück. Des Weiteren gab es auch Auseinandersetzungen deutscher Territorien mit außerdeutschen Mächten, in denen es sich hauptsächlich um die

Vormachtstellung in Europa drehte. So begann das Ganze als Religionskrieg, weitete sich aber zu einem Territorialkrieg aus.

Die verschiedenen Abschnitte des Dreißigjährigen Krieges lassen sich in vier große Phasen einteilen, die nach den jeweils beteiligten Streitmächten benannt wurden. So unterscheidet man zwischen dem Böhmisch-Pfälzischen Krieg, dem Niedersächsisch-Dänischen, Schwedischen und dem Schwedisch-Französischen Krieg.

Bei den Schlachten wurden viele deutsche Gebiete zerstört, die Bevölkerung ausgeraubt und teilweise sogar fast gänzlich vernichtet. Ungefähr jeder dritte Deutsche kam um sein Leben, in manchen Gebieten dauerte es fast über 100 Jahre bis zur Erholung der Bevölkerungsdichte. Auch Krankheiten und Seuchen wie die Pest verbreiteten sich rasend schnell. Die Folgen waren noch lange präsent.

Die Ausgangssituation in Europa

Bereits vor Beginn des Dreißigjährigen Krieges war die politische Lage in Europa und besonders im *Heiligen Römischen Reich Deutscher Nation* schon im Vorfeld sehr angespannt. Es herrschten konfessionelle beziehungsweise religiöse Konflikte, innen- und auch außenpolitische Gegensätze und Streitigkeiten schlossen dynastischen Auseinandersetzungen an.

DIE MACHTVERHÄLTNISSE IN EUROPA UND DEM DEUTSCHEN KAISERREICH

Europa wurde damals in drei wesentliche große Gebiete eingeteilt: West- bis Nordwesteuropa, Oberitalien und der Ostseeraum wurden von unterschiedlichen großen Mächten beherrscht.

Im west- und nordeuropäischen Raum entstand aus bereits lange bestehenden, dynastischen Streitigkeiten zwischen dem Adelsgeschlecht der Habsburger und dem König Frankreichs ein größerer Konflikt zwischen Spanien, welches damals unter einem habsburgischen Herrscher stand, und Frankreich. Spanien hatte damals große Gebiete in Süditalien, einen Großteil Norditaliens und auch in den Niederlanden.

In diesen Territorien verteilten sie einzelne Stützpunkte und galten so als europäische Großmacht. Infolgedessen konnte es im west- und nordwesteuropäischen Raum keine Kämpfe und Kriege ohne spanisches Interesse geben. Die Franzosen fühlten sich durch diese große Ausbreitung Spaniens bedrängt, so kam es zu militärischen Auseinandersetzungen beider Länder.

Im Ostseeraum kämpften neben Schweden und Dänemark auch die Polen um die Macht. Damals wurde Polen und Schweden vom gleichen Herrscher regiert, welcher die Ausbreitung der Protestanten verhindern wollte. Im Jahre 1599 wurde er jedoch durch die Adelsrevolte als König Schwedens abgesetzt und vom Thron gedrängt. So konnte sich das Evangelium mit lutherischen Gedanken im Land ausbreiten, zwischen Polen und Schweden brach ein territorialer und konfessioneller Krieg aus. Der neue Schwedenkönig Karl IX. konnte erst keine Erfolge für sich verzeichnen, brachte aber seinen Rivalen, den Dänenkönig Christian IV., zu einem Angriff durch Dänemark auf polnische Gebiete.

Das Land war zwar bevölkerungsärmer als Schweden und Polen, hatte aber größere wirtschaftlich gute Gebiete in Norwegen und Südschweden in seinem Besitz, wodurch es hohe Zolleinnahmen für sich beanspruchen konnte. Der schwedische König gründete 1603 die neue Stadt Göteborg und hoffte so auf den Erhalt eines Teils dänischer Zolleinkünfte. Als die Dänen 1611 einen Krieg begannen, war Karl IX. deshalb auf einen Angriff auf Göteborg vorbereitet. Doch das dänische Heer von Christian IV. nahm stattdessen die schwedische Stadt Kalmar ein.

Im selben Jahr verstarb der schwedische König, sein Sohn Gustav II. Adolf trat die Thronfolge an. Für die Wiederherstellung eines Friedens überließ er Kalmar wieder den Schweden und gab Gebiete in Nordnorwegen ebenfalls an diese ab. Zusätzlich musste er noch die Kriegskontributionen, eine Steuer zur Deckung der Kriegskosten, zahlen, welche bei einer Million Reichsmark lagen. Dafür verschuldete sich der neue schwedische König bei den Niederlanden, wodurch Schweden in seiner außenpolitischen Stellung geschwächt wurde. Die Dänen waren durch den Krieg zur Großmacht im Ostseeraum geworden.

RELIGIÖSE KONFLIKTE

Die Reformation teilte die Bevölkerung seit 1517 in zwei Glaubensrichtungen ein: Der christliche Glaube wurde in Katholiken und Protestanten unterteilt. Untereinander herrschte keine religiöse Toleranz, der Frieden wurde nur durch den *Augsburger Religionsfrieden* von 1555 gewahrt. Hier einigte man sich auf das Reformationsrecht. Dieses besagte, dass der, der Herr eines Landes ist, über die Religion seiner Untertanen bestimmen konnte. So war der Glaube des Volkes also von ihrem jeweiligen Herrscher abhängig. Gleichzeitig damit wurde das Auswanderungsrecht eingeführt. So konnten jene, die einem anderen Glauben angehörten, auswandern und in ein Gebiet ihres Glaubens einwandern.

Die durch den *Augsburger Religionsfrieden* festgelegte Regeln konnten lange Zeit den Ausbruch eines Religionskrieges verhindern. Dennoch gab es Auseinandersetzungen um seine Inhalte und Auslegung. Die alten Herrscher wurden von neuen abgelöst, diese neue Generation trug eine konfrontative Haltung zu den vorherrschenden Spannungen und so spitzte sich die Lage mehr und mehr zu. Die politische Ordnung zerfiel langsam. Trotzdem verliefen die Auseinandersetzungen und Konflikte für eine lange Zeit ohne Gewalt, da die militärische Kraft nicht ausgereift war. Infolge des Religionsfriedens zielten die Landesfürsten auf eine religiöse Uniformität hin, die Bevölkerung sollte von anderen Religionen ferngehalten und abgeschirmt werden. Die protestantischen Fürsten fürchteten sich lange vor der Spaltung in

Lutheraner und Calvinisten, da sie durch diese ihren Schutz gefährdet sahen. Sie nutzen ihre Stellung als Notbischöfe und disziplinierten die Geistlichen und die Bevölkerung in ihrer Konfession, daraufhin kam es zur Stärkung des Territorialstaates.

Allgemein wurde der Frieden im Kaiserreich durch diese Entwicklungen immer mehr gefährdet, die radikaleren Herrscher schaukelten sich gegenseitig hoch, sämtliche Spannungen stiegen stetig an. Es bildeten sich untereinander verfeindete Fürstengruppierungen. Infolge der Kämpfe in der Stadt Donauwörth trat die Kurpfalz schließlich aus dem kaiserlichen Reichstag aus, daraufhin wurde dieser als eigentlich wichtiges Verfassungsorgan inaktiv.

Die katholische Kirche erlebte eine Erneuerung oder auch Gegenreformation, sie wollten sich wieder stärken, Verlorenes der Reformation zurückholen und hatten großflächige Gebiete wieder in ihren Glauben geholt. Zudem galt die Regel des „geistlichen Vorbehalts": Wenn ein katholischer Herrscher sich dem Protestantismus anschloss, musste er sein weltliches Herrschaftsgebiet abgeben. Ein neuer Fürst, welcher Katholik war, wurde an seiner Stelle eingesetzt. Doch um diese Regel gab es bereits vor dem Dreißigjährigen Krieg viele Streitigkeiten, Auseinandersetzungen und Kämpfe. So entschied sich zum Beispiel der Kölner Erzbischof dazu, zum protestantischen Glauben überzugehen, und wollte sein Besitztum zu einem weltlichen machen. Die Katholiken waren dagegen, deshalb fand von 1583 bis 1588 der *Kölner Krieg* statt, in welchem die katholische Kirche gegen die Protestanten um die Vorherrschaft kämpfte. Auch in vielen anderen Städten stritt man sich um diese Regel. 1606 und 1607 gab es in der protestantischen Stadt Donauwörth gewaltsame Auseinandersetzungen, die Protestanten griffen in eine katholische Prozession ein, welche allerdings stärker war als die protestantische Gegnerseite. Daraufhin nahm das Königreich Bayern die Stadt ein und machte sie wieder zu einer katholischen.

Die Protestanten befanden sich in einer Radikalisierung, es gab hier nochmals die Unterteilung in zwei unterschiedliche Glaubensrichtungen: Das Evangelium spaltete sich in Calvinisten und Lutheraner. An sich arbeiteten diese beiden Gruppen gegeneinander, verbündeten sich aber aus Angst vor einem Angriff der Katholiken miteinander. Dieses Bündnis, welches sich *Protestantische Union* nannte, sicherte den Mitgliedern von 1608 bis 1621 gegenseitige Hilfe im Fall eines katholischen Angriffs zu und sollte die Interessen dieser Glaubensrichtung vertreten und bewahren. Zu dem Bündnis gehörten die Kurfürstentümer Pfalz und Brandenburg, die Fürstentümer Bayreuth, Anhalt, Baden und Zweibrücken, die Herzogtümer Württemberg und Pfalz-Neuburg und die Landgrafschaft Hessen-Kassel sowie 17 einzelne Reichsstädte wie zum Beispiel Nürnberg. Zudem holte man sich England und die Vereinigten Niederlande als außerdeutsche Mächte mit ins Boot.

Durch diesen Bund fühlten sich die Katholiken bedroht und gründeten die *Katholische Liga*, welche von 1609 bis 1635 bestand. Neben den Erzbistümern Köln, Trier und Mainz zogen das Herzogtum Bayern, neun Hochstifte und weitere geistliche Herrschaften mit. Man verbündete sich zusätzlich mit dem deutschen Kaiser aus dem Haus der Habsburger und dem Papst.

Die Gruppierungen der Protestanten und Katholiken dachten beide, dass die bestehenden Spannungen nur durch einen Krieg und somit auch durch einen Gewinner gelöst werden konnten. Der Sieger würde seine Religion durchsetzen, damit gäbe es nur noch eine herrschende Glaubensrichtung und die bestehenden Konflikte wären gelöst.

Zusammenfassend lässt sich sagen, dass sowohl die Seite der Protestanten als auch die katholische Kirche bereit zu einem Kampf waren. Es fehlte nur an einem Punkt, den man zum Auslöser für einen Krieg machen konnte. Diesen Funken fand man dann später in Böhmen, wo damals etwa 90 % der Bevölkerung protestantisch gesinnt waren, aber einem katholischen Herrscher unterlagen. Protestantische Adlige wollten diesen vom Thron stürzen, wogegen er sich wehrte. Der König nahm den Protestanten ihre Religionsfreiheit, was bei diesen viele Proteste und Kämpfen gegen die Krone auslöste und letztendlich zum *Prager Fenstersturz* führte.

Außerdeutsche Mächte rund um das *Heilige Römische Reich Deutscher Nation* beobachteten die Entwicklungen im Kaiserreich und griffen schließlich mehr oder weniger aktiv mit in das auf einem religiösen Konflikt beruhende Kriegsgeschehen ein. Es lassen sich die Kämpfe auf folgenden Seiten festhalten: Auf der Seite der Katholiken standen natürlich das Habsburgische Kaiserreich mit dem Kaiser an der Spitze, das Königreich Bayern unter König Maximilian und auch die Spanier. Für die Protestanten kämpften ganz vorn die Adligen aus Böhmen, die Königreiche Dänemark und Schweden, aber auch das katholische Frankreich, welches Spanien beseitigen und das habsburgische Geschlecht in seiner Macht einschränken wollte.

Der Auslöser: Prager Fenstersturz 1618

Ausgangspunkt des Dreißigjährigen Krieges war ein Konflikt in Böhmen, bei dem die Protestanten um ihre Freiheit kämpften. Dieser führte schließlich zum *Prager Fenstersturz*. Zu diesem Zeitpunkt konnte keiner ahnen, welches Ausmaß diese Auseinandersetzung haben würde.

Das Königreich Böhmen, welches ungefähr im heutigen Tschechien lag, war damals ein kleines Gebiet von hoher Wichtigkeit im *Heiligen Römischen Reich Deutscher Nation.* Das böhmische Territorium grenzte an die Länder Mähren, Polen, Sachsen, Bayern und Österreich. Die dort lebende Bevölkerung war überwiegend protestantischen Glaubens. 1526 starb der böhmische König ohne Nachkommen, weshalb sein Schwager, der Habsburger Ferdinand I., damals Kaiser des Reichs, neuer böhmischer König wurde. Über diesen Weg kam das habsburgische Adelsgeschlecht auch in Böhmen an die Macht. Rudolf II. war ab 1576 Ferdinands Nachfolger als deutscher Kaiser und böhmischer König. 1609 sicherte er seinen protestantischen Untertanen die freie Ausübung ihrer Religion schriftlich in einem „Majestätsbrief" zu.

1611 machte Rudolf seinen Bruder Matthias zum neuen König von Böhmen. Dieser erkannte den Majestätsbrief und darin enthaltene Freiheiten und Zugeständnisse für den protestantischen Glauben und seine Anhänger zwar erst an, versuchte aber gleich nach seinem Amtsantritt, diese zu widerrufen. Der neue König war sehr machthungrig und wurde schließlich im Jahr darauf auch deutscher Kaiser. 1617 ernannte er seinen Cousin Ferdinand II. gegen den Willen der böhmischen Stände zu ihrem neuen König. Dieser setzte sich sehr für die katholische Gegenreformation ein, womit er im protestantischen Böhmen auf Widerspruch stieß. Seine Ansichten und Maßnahmen der Rekatholisierung sprachen gegen die Versprechen von Rudolf im Majestätsbrief. Dadurch kam es zu einer großen Empörung bei den böhmischen Fürsten.

Infolgedessen kam es im Frühjahr 1618 zu Aufständen und Auseinandersetzungen in Prag, böhmische Stände wehrten sich gegen die versuchte Gegenreformation durch Ferdinand II. und stürmten die Prager Burg, welche der Sitz des Königs war. Sie drangen bis in die Amtsstube der königlichen Räte und des Kanzleisekretärs vor und warfen beide Räte und den Sekretär aus dem Fenster der Burg. Dieser als *Prager Fenstersturz* bezeichnete Vorfall gilt als Auslöser für den dreißig Jahre andauernden Krieg. Die königlichen Statthalter waren Vertreter des ungewollten Königs und des katholischen Glaubens, weshalb sie als Symbol von den böhmischen Protestanten an Ferdinand auserwählt wurden. Der Fenstersturz stellte eine offene Kriegserklärung gegen den ungewollten König dar. Die drei Opfer überlebten den Fenstersturz dank eines Misthaufens unter dem Fenster. Der König verstand die Botschaft der protestantischen Stände und zog sich vorerst zurück. Die Adligen erklärten Ferdinand 1619 für abgesetzt und wählten für ihr Königreich einen neuen König, den Kurfürsten von der Pfalz. Friedrich V. war Calvinist und führte die *Protestantische Union* an. Somit war er der erste nicht katholische Herrscher in Böhmen. Doch seine Position konnte er nur über einen Winter lang halten, weshalb man ihn auch als „Winterkönig" bezeichnet. Die Böhmen erhielten zusätzliche Unterstützung durch Schlesien, die Lausitz, Mähren und auch Ungarn.

Der Verlust Böhmens hatte natürlich auch im habsburgischen Kaiserreich Auswirkungen auf die Macht Ferdinands, welcher mittlerweile die Position des Kaisers hatte. Damals wurde der deutsche Kaiser durch die sieben Kurfürsten gewählt. Diese waren aus dem protestantischen Brandenburg, Sachsen und Rheinland-Pfalz und die Erzbischöfe aus Köln, Trier und Mainz, welche natürlich katholisch waren. Die siebte Stimme gab das bisher ebenfalls katholisch beherrschte Böhmen, welches nun aber protestantisch gesinnt war. Die geistlichen Fürsten, also die Erzbischöfe, wollten ihren katholischen Kaiser jedoch nicht verlieren und fürchteten um ihre Stellung im Reich. Aus dieser Angst heraus zogen sie in den ersten richtigen Kampf des Dreißigjährigen Krieges, die *Schlacht am Weißen Berg* in der Nähe von Prag.

Die Verbreitung des Krieges

DIE SCHLACHT AM WEISSEN BERG 1620

Kaiser Ferdinand II. wurde durch den neuen protestantischen Herrscher Böhmens in seiner Macht geschwächt. Zu seiner Machterhaltung wollte er die Aufstände niederschlagen, wozu er sich Unterstützung durch das Königreich Spanien und den bayerischen Herzog Maximilian holte. Die durch die Spanier und Bayern gestärkten Truppen des Kaisers zogen 1620 in die *Schlacht am Weißen Berg* auf böhmischen Boden in der Nähe von Prag, wobei sie das Land am 08. November unter Führung des

Generals Tilly zurückeroberten. Sie gilt als erster Kampf des Dreißigjährigen Krieges. Mit der Landeroberung in Böhmen konnten die katholische Herrschaft, die Macht des habsburgischen Kaisers und das Kaiserreich wieder gesichert werden. Ferdinand II. ließ die Aufständischen festnehmen und hinrichten, führte die Verbreitung seines Glaubens im Reich und bei der Bevölkerung fort und bemühte sich um die Eindämmung lutherischer und calvinistischer Gedanken.

Die Habsburger herrschten nun wieder über Böhmen, das Land wurde wieder in das katholische Kaiserreich integriert. So wurde das böhmische Königreich wieder katholisch, 1621 löste sich infolgedessen die *Protestantische Union* auf. Der Winterkönig Friedrich war nicht weiter Kurfürst, da über ihn die sogenannte „Reichsacht", welche den Ausschluss aus der Gemeinschaft bedeutete, verhängt wurde.

Der Kaiser stand nun auch in der Schuld seiner Mitstreiter, deshalb blieben die folgenden Kämpfe nun nicht nur in deutschen Gebieten, sondern weiteten sich auf ganz Europa aus. Bayern und Spanien wollten eine Belohnung für ihre zum Sieg und der Machterhaltung Ferdinands führende

Hilfe erhalten. Der katholische Herzog Maximilian von Bayern forderte den Kurfürsten-Titel vom bisher protestantischen Rheinland-Pfalz. Davon würde der Kaiser nur profitieren, da dies die Machtverteilung im Kaiserreich verändern würde. Die Katholiken wären in diesem Falle mit fünf Kurfürsten im kaiserlichen Rat vertreten, wohingegen die Protestanten dann nur noch zwei Vertreter hätten.

Aufgrund dieses Ungleichgewichts stimmten die Protestanten gegen die Ernennung Maximilians zum Kurfürst vom Rheinland. König Philipp IV. von Spanien stellte ebenfalls Ansprüche auf Rheinland-Pfalz: Er wollte Gebiete der Pfalz direkt neben Frankreich als Belohnung seiner Unterstützung erhalten. Sein Heer eroberte dieses Gebiet, die verbliebenen Protestanten kämpften um die Rückeroberung der Pfalz, doch sie verloren diesen Kampf und flohen nach Norddeutschland, die Spanier behielten ihr gewonnenes Gebiet. Dadurch sahen sich die Franzosen bedroht, der Konflikt zwischen Spanien und Frankreich wuchs.

KONSTANTIN BERGMANN

BÖHMISCH-PFÄLZISCHER KRIEG 1618 BIS 1623

1619 starb der böhmische König Matthias, die böhmischen Stände Prags bildeten vorerst ein dreißigköpfiges Direktorium als vorübergehende Regierung, welche die neue Macht des böhmischen Adels sichern sollte. Diese Instanz sah ihre Aufgaben in der Ausarbeitung einer neuen Verfassung, der Wahl eines neuen Königs, welcher schließlich Friedrich V. von der Pfalz wurde, und auch in der Verteidigung durch ein Militär gegen den deutschen Kaiser. Friedrich V. war nicht nur Kurfürst in Rheinland-Pfalz, sondern auch Anführer der *Protestantischen Union* und überzeugter Calvinist. Im Sommer 1618 gab es nun erste vereinzelte Kämpfe in Südböhmen. Die Protestanten und Katholiken suchten Mächte, die sich mit ihnen verbündeten. In der Zeit zwischen 1618 und 1623 kämpfte die *Katholische Liga* gegen Böhmen und gewann schließlich. Sie marschierte in vielen protestantischen Gebieten vor und eroberte schließlich die Pfalz.

Nach der *Schlacht am Weißen Berg* und dem Sieg des Kaisers floh Friedrich V. in die

Niederlande, die Anführer böhmischer Aufstände wurden von den Katholiken hingerichtet und die Hälfte der Güter böhmischer Adliger wurde eingezogen und an landesfremde Untertanen und Vertraute des Kaisers verteilt. Ferdinand II. stellte den Katholizismus gewaltsam wieder her. Trotzdem kämpften die im Reich verbliebenen protestantischen Truppen weiterhin für ihre Freiheit und Unabhängigkeit, so ging die erste Phase des Krieges noch einige Jahre weiter.

Doch diese Kämpfer wurden immer weniger, da die kaiserlichen Soldaten viele Gebiete für sich eroberten. Die Protestanten wurden in vielen Schlachten, vor allem im Südwesten des Kaiserreichs, geschlagen und zogen sich immer mehr zurück. Auch östlich der Elbe gelegene protestantische Klöster und Kirchengüter wurden vom Kaiser wieder der katholischen Kirche zugeteilt. Dadurch wurden nun auch benachbarte ausländische Mächte auf diese Auseinandersetzungen aufmerksam, allen voran die Dänen. Die Länder Frankreich, England, Dänemark und die Niederlande sahen eine Gefährdung ihrer Interessen, einige dieser Großmächte mischten sich jetzt auch mit in den deutschen Konflikt ein. Den ersten

Schritt machten die Dänen, die nächste Phase des Dreißigjährigen Krieges begann.

NIEDERSÄCHSISCH-DÄNISCHER KRIEG 1623 BIS 1629

Der dänische König Christian IV. stammte ursprünglich aus der deutschen Dynastie Holstein-Gottorp. Somit war er ebenfalls Herzog von Holstein und hatte Besitztümer im Norden des deutschen Kaiserreichs. Er beobachtete das Kriegsgeschehen auf deutschem Boden länger und griff im Juni 1625 schließlich mit einem 14.000 Mann starken Heer ein, um die Protestanten zu unterstützen. Dabei erhielt er unterstützende Gelder der ebenfalls protestantisch gesinnten Länder Niederlande und England, aber auch vom katholischen Frankreich.

Diese Unterstützung wurde mit dem *Haager Bündnis* festgelegt, welches ein Bündnis gegen den deutschen Kaiser war. Mit seinen Truppen wandte er sich gegen die kaiserliche Rekatholisierung und hoffte dabei auch auf Landgewinn für sein Königreich und Herzogtum. Dies stellte die katholischen Truppen des Kaisers wiederum vor ein enormes Problem, da das dänische Heer eine hohe Stärke besaß.

Der private Kriegsunternehmer Wallenstein, welcher aus einem alten, verarmten böhmischen Adelsgeschlecht stammte und dem Kaiser gegenüber auch nach der Niederlage nach dem *Prager Fenstersturz* Treue bewahrte, stellte ein eigenes Heer auf. Dieses überließ er dem Kaiser und unterbreitete ihm den Vorschlag des Systems der Kontributionen, welches letztendlich auch durchgesetzt wurde. Somit standen auf der Seite der Katholiken nun zwei Armeen, denn neben dem neuen Heer Wallensteins kämpften nach wie vor Truppen unter General Tillys Führung.

Beim System der Kontribution ging man nach dem Grundsatz „Der Krieg ernährt den Krieg". Das bedeutet, dass die Bewohner der Gebiete, die von der Armee durchquert wurden, die Soldaten bezahlen, verpflegen und bei sich wohnen lassen mussten. Somit hatte das Kaiserreich keine Kosten zur Unterhaltung seiner Krieger. Doch dieses System war eine enorme Belastung für die Bevölkerung, denn je länger der Krieg ging, desto brutaler wurden sie auch ausgebeutet. Die kaiserliche Armee nahm den Menschen fast ihren ganzen Besitz weg und zog dann weiter. Für viele Menschen war die Folge dessen eine große Armut. Im Laufe des Kriegs übernahmen auch andere Streitmächte dieses System, so lebte die deutsche Bevölkerung in ständiger Angst vor dem Eintreffen neuer Kriegstruppen.

Wallensteins Heer war sehr stark und gewann viele Schlachten. Die Truppen der kaiserlichen Krone drängten die Protestanten und ihre Verbündeten zurück und drangen wieder weit in den Norden des Reichs vor. Sie eroberten immer mehr Land für sich zurück und konnten Jütland, Mecklenburg und Pommern, am Ende sogar Dänemark besetzen. Nur das mit den Schweden verbündete Stralsund konnte nicht durch die Kämpfer Wallensteins und Tillys erobert werden.

Im August 1626 zogen die kaiserlichen Truppen unter Tilly in die *Schlacht bei Lutter am Barenberge* in Niedersachsen gegen die Dänen und schlug diese vernichtend, viele tausende Soldaten mussten bei dieser Schlacht ihr Leben lassen. Mit diesem Kampf holte sich Tilly seinen 18. Sieg ein.

Der Niedersächsisch-Dänische Krieg endete im Mai 1629. Die übrigen protestantischen Fürsten zweifelten einen Erfolg der Kämpfe an und verweigerten König Christian ihre weitere Hilfe und Unterstützung. Daraufhin schlossen Wallenstein und der dänische König den *Frieden von Lübeck* ab, infolgedessen gaben sich die Dänen endgültig geschlagen und zogen sich aus dem Krieg zurück. Von diesen Entwicklungen profitierten nicht nur der Kaiser und sein katholisches Reich, sondern auch Wallenstein selbst: Er wurde von Ferdinand hoch entlohnt und schließlich auch zum kaiserlichen obersten General und Herzog von Mecklenburg ernannt.

Bereits im März 1629 erließ der Kaiser den sogenannten Restitutionsedikt, er fühlte sich aufgrund des Siegs über die Dänen in seiner Macht gestärkt. Restitution bedeutet die Wiederherstellung eines früheren Zustandes. So musste das von den Protestanten eingezogene Kirchengut aus der Zeit ab 1552 wieder an die Katholiken zurückgegeben werden, der katholische Besitz sollte wieder auf die Zeit vor dem *Augsburger Religionsfrieden* hergestellt werden. Diese Güter waren die Erzbistümer Bremen und Magdeburg, weitere 12 Bistümer und ungefähr 500 Klöster. Ferdinand erzielte dies gewaltsam durch eine Besetzung der betreffenden Gebiete und setzte dort einen katholischen

Verwalter ein. Die katholischen Reichsstände durften die protestantischen Untertanen auch gewaltsam zur Rekatholisierung zwingen.

Auch geistliche Fürsten, wie zum Beispiel Fürstbischöfe, verloren ihre weltlichen Herrschaftsrechte, Ländereien und Besitztümer, wenn sie zu den Lutheranern oder Calvinisten übertraten. Mit diesen Maßnahmen konnte Kaiser Ferdinand II. seine politische Macht und seinen Einfluss auf seine Untertanen erhöhen. Doch mit diesem Edikt stieß er nicht nur bei den Protestanten, welche erneut gegen ihn in den Widerstand zogen, sondern auch bei den katholischen Fürsten, welche eigentlich auf der Seite des Kaisers standen, auf Kritik: Ferdinand hatte diesen Beschluss ohne ihre Zustimmung getroffen und durchsetzen wollen, deshalb sahen auch sie sich nun in ihrer Unabhängigkeit eingeschränkt und bedroht.

Beim *Regensburger Kurfürstentag* im Jahre 1630 berichteten sie dem Kaiser von ihrem Unmut, zudem sahen sie den General Wallenstein nicht gern in seinen Ämtern, da dieser zu machtgierig war und die Fürsten sich von ihm bedroht sahen. So zwangen die Kurfürsten Ferdinand II. zur Entlassung Wallensteins aus seinen Ämtern und somit auch zur Machtminderung des Kriegsunternehmers. Dies bewirkte eine Verkleinerung der kaiserlichen Armee. Zudem musste der Kaiser auch eine Überprüfung des Restitutionsedikts zulassen. Allgemein wurde die kaiserliche Macht sehr stark eingeschränkt und verringert, vor allem, da die Fürsten bereits zu diesem Zeitpunkt den Sohn von Ferdinand als dessen Nachfolger ablehnten und so die erbliche Thronfolge unterbrochen werden würde.

SCHWEDISCHER KRIEG 1630 BIS 1635

Nach dem Rückzug der Dänen und der Schwächung der kaiserlichen Macht sah der schwedische König Gustav Adolf seine Chancen auf einen Kriegsgewinn sehr hoch. Er marschierte im Juli 1630 mit einem starken Heer und der Absicht auf Gebietsgewinn für sein Land auf deutschen Teilen ein und schlug die durch die Entlassung Wallensteins geschwächten kaiserlichen Truppen. Die Schweden wollten den Protestanten weitere Unterstützung und Schutz sichern und auch das weitere Vordringen der kaiserlichen Armeen verhindern, da sie auch ihr eigenes Land dadurch bedroht sahen. Der Schwedenkönig war damals einer der Mächtigsten in Europa, sein Land war die Großmacht im Ostseeraum und herrschte auch über Finnland und das nördliche Baltikum.

Er drang mit seinen Soldaten von der Ostsee weit ins Land vor, wobei er mit seinen Kriegern über Würzburg, Aschaffenburg, Frankfurt und Mainz in ihr Winterquartier in der Rheinpfalz einzog. Im September 1631 konnte das schwedische Heer einen großen Sieg über die Katholiken verzeichnen: Bei Breitenfeld in der Nähe von Leipzig schlugen sie Truppen unter General Tilly vernichtend. Gustav Adolf kehrte die vorherrschenden Machtverhältnisse in nur zwei Jahren komplett um, dabei erhielt er Unterstützung einiger norddeutscher Fürsten und unterstützende Gelder aus Frankreich. Ein weiterer großer Sieg aufseiten der Schweden und Protestanten ist bei der *Schlacht am Lech* in Bayern zu verzeichnen. Im April 1632 fiel General Tilly in diesem Kampf, die Schweden bedrohten nun auch Österreich.

Die Seite der Protestanten gewann durch diese Unterstützung Schwedens enorm an Macht. Die Katholiken hingegen waren geschwächt und gerieten in große Not, so holte der Kaiser Wallenstein wieder zurück in seine alten Posten, aus denen er eben erst entlassen worden war. Ferdinand II. beauftrage ihn 1632 mit der Aufstellung eines neuen Heeres und gab ihm viele Vollmachten. Währenddessen zog der Schwedenkönig über Augsburg bis nach München, von dort aus rückte er weiter zurück nach Norden. Bei Lützen, nahe Leipzig, trafen die schwedischen Truppen auf die von Wallenstein, im November 1632 fiel Gustav Adolf bei dieser Schlacht.

Da seine Tochter zu diesem Zeitpunkt erst sechs Jahre alt war, übernahm der Reichskanzler Axel Oxenstierna die politischen Geschäfte und die Führung des Landes, das Heer gab er an Bernhard von Sachsen-Weimar ab. Wallenstein wurde kurz darauf erneut vom Kaiser entmächtigt, da er immer wieder ohne Zustimmung des Kaisers Friedensverhandlungen mit dessen Gegnern führte. Ferdinand verurteilte Wallenstein vor einem Geheimgericht des Verrats. Im Februar 1634 wurde der General schließlich von mehreren kaiserlichen Offizieren ermordet.

Im Herbst 1634 schlugen die kaiserlichen Truppen Schweden und die deutschen

Protestanten bei der *Schlacht bei Nördlingen*. Daraufhin zogen sich die Schweden aus dem Süden des Kaiserreichs zurück. Es folgte der *Frieden von Prag*: Die protestantischen Reichsstände traten aus ihrem Bündnis mit Schweden aus. Im Mai 1635 einigten sich der Kaiser, katholische und protestantische Fürsten auf einen Friedensvertrag. Hierbei wurde das Jahr 1624 als „Normaljahr" festgelegt, das heißt, die Streitmächte behielten, was sich zu Beginn dieses Jahres in ihrem Besitz befand, und mussten ihre Eroberungen der darauffolgenden Zeit wieder zurückgeben. Der Kaiser erhielt nun auch das Sagen über seine Reichsarmee, welche Truppen aus allen Reichsständen beinhalten sollte. Kaiser Ferdinand war am Höhepunkt seines Amts und seiner Macht angekommen. Man wollte gemeinsam als Reich gegen seine Feinde vorgehen und ausländische Truppen aus dem Land drängen.

Doch Frankreich griff nun aktiv in das Kriegsgeschehen ein. Die Franzosen hatten zum Ziel, die Habsburger zu entmächtigen und somit auch den deutschen Kaiser. Der Kardinal Richelieu unterstützte als Vertreter für sein katholisches Land die protestantischen Schweden mit einer starken

Armee. Die längste und brutalste Phase des Dreißigjährigen Krieges begann.

SCHWEDISCH-FRANZÖSISCHER KRIEG 1635 BIS 1648

Der letzte Kriegsabschnitt war mit Abstand der blutigste. Er forderte viele Opfer. Der ursprünglich religiöse Konflikt wurde nun endgültig zu einem Krieg der Großmächte um die vollkommene Vormachtstellung in Europa. Das deutsche Kaiserreich verbündete sich mit den Spaniern, um gegen die mit den Schweden verbündeten Franzosen kämpfen zu können, die Habsburger traten also gegen Frankreich und Schweden in den Krieg.

Frankreich war gegen den *Frieden von Prag*. Ziel eines erneuten Kampfes vonseiten der Franzosen war die Verhinderung der weiteren Machtgewinnung des deutschen Kaisers und seines Reiches, aber man wollte auch die eigene Position in Europa stärken. Zudem wollten sie ihre Grenzen zum Reich weiter verschieben und das französische Gebiet so erweitern. Damals stand das Land unter Ludwig XIII., die politische Macht lag allerdings bei seinem Minister Kardinal Richelieu.

Dieser konnte bisher einige Siege auf seiner Seite verzeichnen, weshalb er sich und seine Truppen als stark genug für einen Kampf gegen die Habsburger und Spanier sah. Zuerst erklärten die Franzosen Spanien den Krieg, daraufhin folgte 1635 die Kriegserklärung Frankreichs an das deutsche Kaiserreich. Die Schlachten hielten ganze 13 Jahre lang an, doch keine der Streitmächte konnte sie für sich gewinnen.

In dieser Zeit waren die Folgen für die Bevölkerung sehr deutlich, die Soldaten plünderten und raubten alles aus. Gewalt und Armut herrschten in den meisten Gebieten, die Einwohnerzahl sank in diesen Jahren von rund 18 Millionen Menschen auf gerade mal sechs Millionen. Zu Beginn der 1640er-Jahre machte sich eine Kriegsmüdigkeit im Volk und unter den Soldaten breit, alle Truppen waren sehr geschwächt und jede Seite musste große Verluste verzeichnen.

Im Mai 1648 kam es zur letzten großen Schlacht des Dreißigjährigen Krieges, zur *Schlacht bei Zusmarshausen* in der Nähe von Augsburg, Bayern. Das Land wurde dabei von den Schweden und Franzosen verwüstet. Kurz darauf drangen schwedische Truppen im Juli bis nach Böhmen vor und belagerten schließlich Prag. Im Oktober kämpften und siegten die kaiserlichen Truppen noch ein letztes Mal über ihre Gegner, nach dieser *Schlacht bei Dachau* rückten die Schweden aus Prag ab.

Bereits seit 1641 handelten einzelne deutsche Fürsten Waffenruhen mit den beteiligten Streitmächten aus. Den Anfang machte man in Brandenburg: Ausgehandelt wurde ein Waffenstillstand mit den schwedischen Truppen. 1645 schloss Sachsen mit Schweden Frieden und schied damit aus dem Krieg aus. Im Jahr 1647 kam es schließlich auch zu einer Waffenruhe zwischen dem Kurfürsten von Mainz und Frankreich. Das lange Leiden des Dreißigjährigen Krieges konnte nun langsam beendet werden und 1648 schloss man endlich den *Westfälischen Frieden* unter allen beteiligten Mächten ab.

WIE WURDE DER KRIEG FINANZIERT?

Zu Beginn des 17. Jahrhunderts waren die europäischen Staaten nicht in der Lage, ein „stehendes Heer" finanzieren und halten zu können. Zudem

35

forderte der Dreißigjährige Krieg Armeen mit sehr vielen Soldaten, was ein weiteres Problem darstellte. Man heuerte Söldner an. Diese waren gegen Bezahlung angeworbene Truppen, die zeitlich befristet und durch einen Vertrag gebunden für ihren jeweiligen Herrn kämpften. So war es üblich, dass die freien Söldnertruppen während des Krieges ihre jeweiligen Kriegsherren wechselten und sich oft den jeweils erfolgreicheren Parteien anschlossen. Durch die Masse, die an Söldnerarmeen benötigt wurde, gerieten alle Streitmächte in große und stetig anhaltende finanzielle Engpässe.

Als Lösung wurde das System der Kontribution unter dem Grundsatz „Der Krieg ernährt den Krieg" eingeführt. Die Söldner wurden von der Bevölkerung entlohnt, indem sie neben Geldern und Nahrung auch Besitztümer der Menschen in Gebieten, die sie durchquerten, für sich beanspruchten. So musste das jeweilige Gebiet, in dem gerade Kämpfe herrschten, den Krieg unterhalten und finanzieren. Die Feldherren besetzten möglichst viele Gebiete ihrer Feinde, in der Hoffnung, diese durch die finanzielle Last dieses Systems schneller ausbluten zu lassen und so über sie zu siegen, doch mit der langen Dauer des Krieges kam es auch zu vielen willkürlichen Plünderungen und Raubzügen über die ländliche Bevölkerung. Diese waren mit Gewalt und Mord verbunden.

LEIDEN DER BEVÖLKERUNG WÄHREND DES KRIEGES

Zu Zeiten des Dreißigjährigen Krieges war es unter Soldaten üblich, als Söldner zu leben. Sie kämpften also nicht für ihr Land oder einen bestimmten Herrscher, sondern für diejenigen, die sie am besten bezahlten. Die Entlohnung war trotzdem oft ziemlich gering, so hatten die Anführer kriegerischer Gruppen oft das Problem der Finanzierung und Ernährung ihrer Anhänger. Aus diesem Grund war es ihnen von ihren Dienstherren gestattet, die Gegner auszurauben. Dies sorgte für eine große Unruhe und Angst in der Bevölkerung, aber auch für Armut.

Viele Menschen wurden damals durch das System der Kontribution dazu gezwungen, fremde Söldner in ihren Häusern aufzunehmen. Diese raubten auch die Gehöfte aus und wurden unter anderem gewaltsam gegenüber den dort lebenden

Menschen. Viele Frauen wurden von den Soldaten vergewaltigt, es herrschten Folter, Gewalt und Armut in den Kriegsgebieten. Die Menschen auf dem Land waren ihren Landsknechten noch mehr ausgesetzt und ausgeliefert als ohnehin, da der Krieg auch sie stresste. Es wüteten viele Krankheiten und Seuchen, so auch die Pest, weshalb noch mehr Menschen starben.

Der Dreißigjährige Krieg war zudem auch der erste Krieg überhaupt, in dem Schusswaffen verwendet wurden, weshalb es auch eine höhere Opferzahl unter den Kämpfern gab. Von ca. 16 Millionen Deutschen überlebten nur knapp 10 Millionen den Krieg. Im deutschen Kaiserreich wurde ein Großteil der Bevölkerung durch die Kämpfe ausgelöscht, in den stark betroffenen Gebieten starben etwa zwischen 60 und 70 % der Menschen nur am Krieg oder dessen Folgen. Viele Frauen hatten ihre Männer verloren, viele Kinder mussten nun ohne Vater aufwachsen, es gab in vielen Familien kein Oberhaupt mehr. Damals sorgten hauptsächlich die Männer für die Nahrung und das Geld in ihren Familien, diese waren nun gefallen.

Auch das Land an sich hatte mit vielen Zerstörungen und Verwüstungen zu kämpfen. Es dauerte lange, bis sich die Natur von den Folgen des Krieges erholt hatte.

Das Ende des Krieges: Westfälischer Frieden 1648

Seit 1641 wurde grob über einen Frieden verhandelt, was aber zu keinem wirklichen Ergebnis oder Erfolg führte. Zudem konnte keine der beteiligten Mächte den großen Sieg im Krieg erreichen, weshalb es nun zu richtigen Friedensverhandlungen kam.

Bereits 1643 kamen die Vertreter der kriegsführenden Länder in Münster und Osnabrück zu

Verhandlungen über einen Frieden zusammen. Diese dauerten allerdings über fünf Jahre an, da viele Gesandte aus verschiedenen Nationen kamen, jeder sprach eine andere Sprache. Bis erst alles für jeden übersetzt war und das richtige Verständnis gesichert werden konnte, dauerte es sehr lange. Zusätzlich dazu ging der Krieg natürlich weiter. Dinge, die an einem Tag beschlossen wurden, waren in vielen Fällen am nächsten nicht mehr relevant und von Bedeutung.

1648 wurde endlich der *Friedensvertrag von Münster* unterzeichnet, welcher auch als *Westfälischer Frieden* bezeichnet wird. In diesem Vertrag wurde hauptsächlich das Einstellen der Kämpfe festgelegt, aber auch einige weitere Punkte.
So wurden die im *Augsburger Religionsfrieden* von 1555 festgelegten Bestimmungen wieder hergestellt, erneut bestimmte der Herrscher über die Religion seiner Untertanen. Dabei galt der Stand von 1624 als Maßstab. Aber man akzeptierte jetzt auch die evangelisch-reformierte Kirche als Religion, zuvor waren nur die evangelisch-lutherischen Protestanten und die Katholiken als diese angesehen worden.

Die Fürsten selbst erhielten die Souveränität in ihren jeweiligen Herrschaftsgebieten, hatten allgemein mehr Macht und politische Einwirkung, wodurch der habsburgische Kaiser und sein Reich geschwächt wurden. So durften die Fürsten nun auch Bündnisse mit anderen Ländern unabhängig vom Kaiser schließen. Der Kaiser selbst benötigte nun für alle politischen Entscheidungen die Zustimmung aller Reichsstände. Mit nun etwa 2000 deutschen Gebieten wurde das Reich zu einem großen Flickenteppich, von diesen entwickelten sich einzelne Territorien in den nächsten Jahren zu Großmächten und prägten die deutsche Geschichte. In anderen Ländern wurde im Gegensatz zu den deutschen Gebieten die Zentralgewalt immer weiter gestärkt.

Ein Großteil von Norddeutschland ging in schwedischen Besitz über, darunter fielen Vorpommern, das Erzbistum Bremen, allerdings ohne die gleichnamige Stadt, und das Bistum Verden. Somit standen die großen Flussmündungen und der Zugang zum Meer unter außerdeutscher Herrschaft, dies machte den Seehandel und den Erwerb von Kolonien für das deutsche Kaiserreich schwerer. Die Städte Metz, Toul und Verdun und die habsburgischen Besitztümer im Elsass sowie die Städte Breisach und Philippsburg rechts des Rheins wurden Frankreich überlassen, einige deutsche Fürsten erhielten ebenfalls unterschiedliche neue Gebiete im ganzen Reich. Auch die spanisch-französischen Auseinandersetzungen wurden mit diesem Vertrag beendet, wobei Spanien seine Position als europäische Großmacht einbüßen musste. Schweden und Frankreich gingen als Sieger des Dreißigjährigen Krieges hervor, sie erhielten deshalb als Gewinn Gebiete Spaniens und die deutschen Ländereien. Auch die Unabhängigkeit der Niederlande und der Schweiz vom *Heiligen Römischen Reich Deutscher Nation* wurde festgelegt, beide Länder waren nun nicht mehr länger Teil des Kaiserreichs. So wurden die Niederlande und die Schweiz zu eigenständigen Staaten mit einer eigenen Regierung.

Folgen von 30 Jahren Krieg

Als primäre Folge des Krieges entwickelte sich *das Heilige Römische Reich Deutscher Nation* zu einem losen Staatenbund. Es war nun ein sehr großer Flickenteppich aus einzelnen größeren Städten, Fürstentümern, Klöstern, Herzogtümern, Rittergütern und weiteren Teilen, die einem separaten Herrscher unterlagen. Die zentrale Regierung, also der Kaiser, war geschwächt. Die eigentliche Macht über das gesamte Reich lag bei den großen Fürstentümern wie Bayern, Sachsen und Brandenburg, später auch bei Preußen und Österreich. Diese großen und mächtigen Länder entwickelten sich zu modernen Staaten. Die Religion sollte nun auch nicht länger Bestandteil der Politik sein, religiöse Konflikte wurden nun außerpolitisch gelöst.

Die Neuordnung des europäischen Staatensystems sorgte zudem für eine relativ stabile Ordnung unter den einzelnen Ländern und Staaten. Kämpfe um Gebiete wurden weniger, es stellte sich für eine kurze Zeit ein gutes Gleichgewicht innerhalb Europas her.

Durch den Krieg wurde das Militär für die einzelnen Staaten wichtiger, es galt nun als wichtiger Bestandteil und großes Mittel der Politik. Die einzelnen Länder bauten sogenannte „stehende Heere" auf. Diese waren immer einsatzbereite Armeen, die ihrem jeweiligen Herrscher unterlagen, und galten als ein wichtiger Träger der Zeit des Absolutismus, einer Herrschaftsform, bei der ein Monarch uneingeschränkt Macht ausüben konnte und welche nun vor allem in Frankreich begann.

Wichtige Persönlichkeiten zu Zeiten des Dreißigjährigen Krieges

ALBRECHT VON WALLENSTEIN

1583 wurde Albrecht Wenzel Eusebius von Waldstein in Böhmen geboren. Später war er mit dem Namen Albrecht von Wallenstein unterwegs. Seine Familie gehörte einem alten böhmischen Adelsgeschlecht an, somit war er

Herzog. Sein Großvater führte in diesem Herzogtum den protestantischen Glauben ein. Wallenstein verlor in seiner Kindheit beide Eltern. Im Alter von 19 Jahren reiste er durch Europa. Dabei studierte er unter anderem in Italien, wodurch er sehr gute Sprachkenntnisse erwarb. Während dieser Zeit trat er in den katholischen Glauben über.

1604 machte er erste Erfahrungen als Soldat. Dabei zog er in seine erste Schlacht nach Ungarn, wo die Katholiken die Protestanten zurückdrängten. Bereits zwei Jahre später war er schon einer der obersten Befehlshaber der deutschen Fußtruppen. Mit dem Friedensschluss mit Ungarn endete seine Zeit im Dienst für den Erzherzog Matthias.

Im Mai 1609 heiratete Wallenstein Lukrezia von Landeck. Diese war eine reiche Witwe, ihr Grundbesitz ging an ihren neuen Mann über. Damit erhielt Wallenstein nun eine große wirtschaftliche Macht. Er verminderte die Frondienste der Bauern seines neuen Landes und verbesserte so deren Lebensbedingungen. Entsprechend stieg seine Beliebtheit bei seinen Untertanen. Mit dieser Gunst wollte er seine protestantischen Untertanen zum katholischen Glauben führen. Bereits 1614 starb seine Frau.

1617 kämpfte Wallenstein für Ferdinand, welcher später Kaiser werden würde, gegen Venedig. So kam er zum Dienst und seiner Treue gegenüber dem habsburgischen Geschlecht. Doch auf diese Weise stand er nach Beginn des Dreißigjährigen Krieges zwischen den Seiten seiner Kaisertreue und seinem protestantischen Territorium. Er entschied sich für den Kaiser, weshalb er seines Landes verwiesen wurde und auch seine Güter und Besitz einbüßen musste. Daraufhin stellte Wallenstein ein Regiment von Kürassieren für Ferdinand auf. Dies war eine Armee von Reitern in voller Rüstung. Dafür warb er Söldner an, die er ausrüstete und bezahlte. Im Gegenzug dafür sollte Wallenstein selbst vom Kaiser bezahlt werden, dieser konnte ihn aber nicht sofort entlohnen und hatte so Schulden bei seinem Untertan.

Mit seiner berittenen Armee zog Wallenstein für die kaiserlich-katholische Seite in den Krieg. In den folgenden Jahren stellte er neue Regimenter und Truppen für Ferdinand II. auf. Dieser konnte Wallenstein nach wie vor nicht richtig entlohnen, weshalb er ihm als Pfand die böhmischen Herrschaften Friedberg und Reichenberg überließ. Der Kaiser kam durch die Kriegsausgaben in eine enorme finanzielle Notlage, weshalb er 1622 die zuvor als Pfand verliehenen Gebiete endgültig an Wallenstein verkaufte. Er ernannte den Kriegsunternehmer zum Reichsfürst und auch offiziell zum Herzog.

Ein Jahr später heiratete Wallenstein mit Isabella ein zweites Mal. Unter seiner Herrschaft erlebte das Fürstentum Friedland seine Blütezeit.

Mit dem Kriegseintritt Dänemarks sah sich der Kaiser nun auch militärisch in großer Not, also gab er Wallenstein den Befehl, ein großes Heer aufzustellen. Dieses sollte die *Katholische Liga* und ihre Armee unter General Tilly unterstützen. Zur Unterhaltung der Truppen wurde nun das System der Kriegssteuern oder auch Kontributionen eingeführt. Wallenstein wurde schließlich zum Oberbefehlshaber der gesamten kaiserlichen Armee und überlag so auch Tilly. In diesem Posten konnte er viele Kriegserfolge auf seiner Seite verzeichnen, er schlug die protestantischen Mächte in vielen Schlachten. Da der Kaiser Wallenstein und seine Truppen nicht unterstützen konnte, organisierte dieser die Verpflegung und Ausrüstung seiner Truppen auf eigene Kosten. Gemeinsam mit General Tilly rückte er schließlich bis in den

Norden des Kaiserreichs vor und verdrängte die Protestanten und ihre Verbündeten. Dafür erhielt Wallenstein das Herzogtum Mecklenburg als Lehen vom Kaiser.

Durch seine neu erworbene Macht sahen sich die Hofräte des Kaisers und die Heerführer der *Katholischen Liga* von Wallenstein bedroht. So zwangen die Fürsten den Kaiser 1630 zur Entlassung seines Unterstützers, Tilly erhielt das Sagen über die kaiserlichen Truppen.

Mit Eintritt und Erfolg der Schweden in den Dreißigjährigen Krieg geriet der Kaiser erneut in eine Notlage. Als 1632 General Tilly starb, holte er Wallenstein zurück in seine Posten. Ferdinand überließ ihm mehr Vollmachten als bisher. Mit seinen Truppen hielt er die Schweden auf und stürzte ihren König in den Tod, wodurch die gegnerischen Truppen geschwächt wurden. Ohne Zustimmung des Kaisers wollte Wallenstein Frieden schließen. Daraufhin wurde er wieder abgesetzt und wurde von einem Geheimgericht des Verrats verurteilt. 1634 wurde er schließlich mit seinen engsten Vertrauten durch seine einstigen Generäle ermordet.

GENERAL UND FELDHERR TILLY

Johann T´Serclaes von Tilly wurde 1559 im Gebiet des heutigen Belgiens geboren. In seiner Jugend wurde er Soldat und konnte schnell aufsteigen. Zur Zeit des Ausbruchs des Dreißigjährigen Krieges wurde er schließlich zum Feldherrn der *Katholischen Liga* ernannt und führte das katholische Heer für den Kaiser 1620 zum Sieg in der *Schlacht am Weißen Berg*. Er gewann viele weitere Schlachten. Als Belohnung dafür wurde er schließlich 1623 vom Kaiser in den Grafenstand erhoben.

Er drang weit in protestantische Gebiete vor und konnte viele große Städte für den Kaiser besetzen. 1629 schlug er die Dänen und zwang diese zum *Frieden von Lübeck*.

Tilly eroberte in einer blutigen Schlacht 1631 Neubrandenburg, kurz darauf zerstörte er die Stadt Magdeburg. Ein großer Teil der Einwohner starb dabei, man nennt diese Schlacht auch das „Massaker von Magdeburg".

Als die Schweden in den Krieg einstiegen, wurden die Truppen Tillys kräftiger bekämpft und auch besiegt. Doch dieser gab nicht auf und konnte die schwedische Armee 1632 in Bamberg besiegen.

Noch im selben Jahr wurde Tilly bei einer weiteren Schlacht gegen die Schweden durch eine Kugel verwundet. Diese Verletzung entzündete sich, so starb er nur wenige Tage später in Ingolstadt.

KAISER FERDINAND II.

1578 wird Ferdinand als Sohn des Erzherzogs Karl II. in Graz geboren. Er entstammte einer Nebenlinie der Dynastie des habsburgischen Adelsgeschlechts. Sein Großvater war Kaiser Ferdinand I., darüber hinaus war er mit den Königen und Kaisern Rudolf II. und Matthias sowie dem Herzog Maximilian von Bayern verwandt.

1590 verstarb sein Vater, woraufhin er von seiner Mutter zu den Jesuiten in einem Ingolstädter Kolleg geschickt wurde. Dieser Orden ist der Vorreiter der Gegenreformation, welche Ferdinand später als Kaiser vertrat, und legte die Grundsteine für seine Ablehnung des Protestantismus. Sein starker katholischer Glaube führte dazu, dass er diesen auch für das politische Handeln zur höchsten Bedeutung erklärte. 1595 baute er seine Residenz in Graz aus und übernahm die Regierung in Innenösterreich.

Ferdinand heiratete 1600 seine Cousine, die Prinzessin Maria Anna von Bayern, Tochter von Herzog Wilhelm V., und erhielt aus dieser Ehe sieben Kinder. 1622 heiratete er erneut, diese Ehe mit Prinzessin Eleonore von Mantua blieb kinderlos.

1617 wird Ferdinand zum neuen König von Böhmen ernannt, damit beendet er die Toleranz der Protestanten im böhmischen Königreich. Es kommt zu Aufständen der Protestanten und schließlich zum *Prager Fenstersturz.*

Nach Kaiser Matthias´ Tod wird Ferdinand 1619 schließlich zum neuen deutschen Kaiser. Doch dieses Amt wird von den böhmischen Ständen nicht anerkannt, sie wählen den Kurfürsten Friedrich V. zu ihrem neuen König.

In den folgenden Jahren kann Kaiser Ferdinand II. viele Siege, aber auch Niederlagen im Dreißigjährigen Krieg auf seiner Seite verzeichnen. Nach der Unterwerfung des norddeutschen Gebiets erlässt er 1629 das Restitutionsedikt, weshalb viele Protestanten ihre Herrschaft einbüßen müssen und viele Besitztümer an die Katholiken übergingen. In dieser Zeit hat Ferdinand den

Höhepunkt seiner Macht erreicht, er steigt in die Erstellung eines absolutistischen Regiments ein. Diese große Macht stößt auf Kritik, weshalb er schließlich zur Entlassung Wallensteins und dem Rückruf seines Restitutionsedikts gezwungen wird.

Nach Wallensteins heimlichen Friedensverhandlungen misstraut Ferdinand diesem und beauftragt dessen Generäle mit der Ermordung. Als Wallensteins Nachfolger legt er seinen Sohn und späteren Thronfolger Ferdinand III. fest.

1635 gelingt Ferdinand II. nach langen Verhandlungen der *Frieden von Prag*. Somit werden die konfessionellen Konflikte des Krieges eingedämmt und geschmälert, doch die Machtansprüche Schwedens und Frankreichs ließen die Kämpfe erneut beginnen.

Im Jahr 1637 konnte Ferdinand seinen Sohn trotz ursprünglichen Missfallens der Fürsten zu seinem Thronfolger machen und verstarb schließlich in Wien.

DÄNENKÖNIG CHRISTIAN IV.

Im Jahr 1577 wurde Christian IV. als erster Sohn des Königs Friedrichs II. geboren. Sein Vater starb bereits 1588, so ging die Aufgabe der Regierung vorerst an den Reichsrat über. Mit 16 Jahren wird Christian vom deutschen Kaiser für volljährig erklärt, 1596 erfolgte seine Krönung zum König von Dänemark und Norwegen in Kopenhagen. Ein Jahr später heiratete er Anna Katharina von Brandenburg, mit der er drei Söhne hatte. Mit der jungen Dame Kirsten Munk ging er 1615 eine weitere Ehe ein, wobei die Ehefrau und Kinder, die er aus dieser Beziehung reichlich hatte, hier aus der Erbfolge ausgeschlossen waren.

Christian IV. hatte große Einnahmen aus Lehenseinnahmen und Zöllen, somit waren er und sein Königreich finanziell in einer sehr guten Lage. Er gehörte zu den reichsten Fürsten Europas und konnte deshalb ziemlich großzügig über Investitionen, Krieg und Frieden entscheiden. So wandte er sich gleich in den ersten Jahren als König gegen Schweden auf, mit der Absicht, seine dänischen Gebiete zu schützen. Nach dem Frieden und einem dänischen Sieg widmete sich Christian

Norddeutschland. Er wollte Gebiete an der Elbe für sich gewinnen. Er fühlte sich stark und griff später auch mit in den Dreißigjährigen Krieg ein, musste aber schnell Niederlagen einsehen und sich wieder zurückziehen.

All seine Versuche zur Etablierung des dänisch-norwegischen Staates zur europäischen Großmacht blieben erfolglos. Er ebnete innenpolitisch den Weg zum Absolutismus und hinterließ viele große Bauwerke und neue Städte.

Im Februar 1648 verstarb er in Kopenhagen.

GUSTAV II. ADOLF – KÖNIG VON SCHWEDEN

Gustav II. Adolf wurde 1594 in Stockholm geboren. Schweden war damals ein sehr armes Land, sein Vater Karl IX. brachte es mit seiner späteren Herrschaft zu einer besseren politischen Lage. Bereits im Alter von acht Jahren nahm der zukünftige König auf Wunsch seines Vaters an Sitzungen des Senats teil und empfing mit zwölf Jahren bereits ausländische Gesandte. Nur ein paar Jahre später hielt er seine erste Thronrede. Gustav Adolf beherrschte neben der deutschen und französischen Sprache auch Latein, Niederländisch, Russisch und Polnisch. Mit 17 Jahren wird er im Jahre 1611 neuer König von Schweden. Durch zahlreiche Reformen konnte Gustav Adolf sein Land aus der Armut befreien und zur Großmacht im Ostseeraum aufsteigen lassen.

Der neue schwedische König beobachtete das Kriegsgeschehen im deutschen Kaiserreich aufmerksam und griff 1630 schließlich aktiv ein. Er begründete seinen Eingriff als Maßnahme zum Schutz der Protestanten und hielt seine eigentlichen machtpolitischen Interessen bedeckt. Mit seinem Heer besiegte er die kaiserlichen Truppen mehrfach. Im November 1632 fällt er schließlich bei einer Schlacht in der Nähe von Leipzig zwischen den Schweden und der Armee Wallensteins. Sein Leichnam wird im Sommer des folgenden Jahres in seine Heimat überführt, die Trauer unter den Protestanten ist groß.

Wissenswerte Fakten rund um den Dreißigjährigen Krieg

DER SCHWEDENTRUNK: EINE FOLTERMETHODE

Beim Schwedentrunk, oder auch der Wasserfolter, handelt es sich um eine Foltermethode, die während des Dreißigjährigen Kriegs vermehrt eingesetzt wurde. Eingeführt wurde sie bereits vor diesem Krieg und fand während dieser Zeit unter den Schweden und bei den anderen Streitmächten eine große Verwendung. Die genaue Entstehung des Namens ist unklar. Was man weiß, ist, dass diese Foltermethode nicht durch die Schweden in das deutsche Kaiserreich gebracht wurde. Wahrscheinlich wurde diese Art als Mittel der kaiserlichen Propaganda als Schwedentrunk und damit auch auf die Schweden zurückführend bezeichnet.

Bei dieser Art der Folter wurden dem Opfer über den Mund große Mengen von Wasser oder Jauche, die auch mit weiterem Unrat wie Urin, Kot und Dreck kombiniert wurden, eingeführt. Dafür wurden Sperrhölzer in den Mund des Gefolterten gesteckt. Wahlweise wurde der Bauch des Opfers noch mit Brettern zusammengedrückt, teilweise sprangen die Peiniger auch darauf herum. Dies führte zu Erstickungsängsten und grauenhaften Bauchschmerzen, bei der Verwendung von Jauche statt Wasser waren Verätzungen die Folge. Neben bakteriellen Infektionen war natürlich auch der Tod eine häufige Folge dieser qualvollen Foltermethode.

KONSTANTIN BERGMANN

HEXENVERFOLGUNGEN WÄH-REND DES KRIEGES

Zwischen 1618 und 1648 erreichte die Verfolgung von Hexen im *Heiligen Römischen Reich Deutscher Nation* ihren Höhepunkt. Zwar lassen sich keine direkten Verbindungen zwischen der zunehmenden Hexenverfolgung in dieser Zeit und dem aktiven Kriegsgeschehen zwischen den Katholiken und den Protestanten finden, aber es ist nachweisbar, dass zu Beginn der Reformation die Hexenprozesse, ihre Verurteilung und Verfolgung sanken, doch ab 1550 stiegen sie nach und nach wieder an. Vor allem während des Dreißigjährigen Krieges stiegen sie rasend schnell in sehr hohe Zahlen. Erst nach Kriegsende sank die Zahl der Hexenverfolgungen wieder.

Doch warum gab es so einen Hexenwahn? 1486 erschien der sogenannte „Hexenhammer", ein Werk von Heinrich Kramer. Es umfasst drei Teile, diese beschreiben die Charakterzüge und Interessen einer Hexe, ihre Praktiken und wie ein korrekter Hexenprozess aussehen soll. Darunter werden ebenfalls verschiedene qualvolle Foltermethoden beschrieben, unter anderem das

Strecken und die Hinrichtung durch Verbrennen bei lebendigem Leib auf dem Scheiterhaufen. Die Bücher erschienen bis ins 17. Jahrhundert in vielen Auflagen und dienten als Legitimation der Hexenverfolgung und auch deren Hinrichtung. Zudem war damals der Aberglaube von der Magie geschuldeten Unglücken weitverbreitet und sorgte so für die weitere Verbreitung des Hexenwahns.

Vor allem während des Dreißigjährigen Krieges suchten die Menschen Schuldige für ihr Leiden, oft waren die Menschen in sowieso ärmeren und ländlichen Regionen am stärksten betroffen. Durch den Glauben an Hexen und ihre schwarze Magie fanden sie einen Schuldigen, sie ließen ihre Trauer und auch ihre Wut an diesen aus. Durch die Beschuldigung der Hexerei konnte man sich außerdem seine Feinde oder Menschen, die man nicht mochte, vom Hals schaffen: Man musste sie nur als Hexe bezeichnen und schon begann die Jagd, welche oft im Tod des Opfers endete. So wurden unzählige Menschen hingerichtet und teilweise ganze Familien ausgerottet. Allein auf dem Territorium des *Heiligen Römischen Reichs Deutscher Nation* wurden während der

Kriegsjahre etwa 25.000 Menschen der Hexerei beschuldigt und hingerichtet, der Hauptanteil dieser Leute waren Frauen.

Die Hexenprozesse im 17. Jahrhundert waren jedoch anders als die im Mittelalter. Früher endeten diese tatsächlich selten mit dem Tod der angeklagten Personen, nun wurden fast alle als Hexe abgestempelte Menschen hingerichtet. Dafür wurde in den meisten Fällen ein Scheiterhaufen verwendet, wie man ihn aus zahlreichen Erzählungen und Geschichten kennt. Die letzte als Hexe bezeichnete Person soll 1793 in Südpreußen hingerichtet worden sein, lange nach dem Dreißigjährigen Krieg. Dieser Aberglaube zog sich also trotzdem noch lange durch die Geschichte.

DIE AUSWIRKUNGEN DER HOHEN OPFERZAHLEN

Heute kann man keine genauen Opferzahlen mehr ermitteln. Man nimmt jedoch an, dass die Verluste in ländlichen Regionen deutlich höher waren als in den meisten Städten. Wahrscheinlich ist, dass rund 40 Prozent der gesamten ländlichen Bevölkerung den Krieg mit ihrem Leben bezahlen musste.

Für dieses Massensterben waren neben den allgemein vorherrschenden Kämpfen auch die großen Hungersnöte, viele Krankheiten und Seuchen verantwortlich. Die Menschen auf dem Land mussten sowieso schon hart um ihr Leben kämpfen und arbeiten, doch der Krieg und die Finanzierungsart des Ganzen machten es den Leuten nur noch schwerer. In Städten soll die Todesrate wohl zwischen 20 und 30 Prozent gelegen haben.

Die Kämpfe, jegliche Zerstörung des Landes und der Tod innerhalb der Bevölkerung war im *Heiligen Römischen Reich Deutscher Nation* sehr unterschiedlich verteilt. So gab es Gebiete, die komplett verwüstet wurden, und auch welche, die kaum oder gar nicht vom Krieg betroffen waren. Besonders stark merkte man die Folgen des Krieges in der Pfalz, Mecklenburg, Pommern und großen Teilen Württembergs und Thüringens: Ungefähr zwischen 50 und 70 Prozent der dort lebenden Bevölkerung starben an den Kämpfen oder deren Folgen. Auch Magdeburg wurde komplett zerstört, fast alle Einwohner starben. Im Gegensatz dazu stand zum Beispiel Hamburg – die Hansestadt spürte kaum Auswirkungen des Krieges. Sie entwickelte sich während dieser dunklen Zeit der europäischen und deutschen Geschichte zu einer der größten und wichtigsten Handelsstädte.

Durch die Kämpfe, die hohe Zahl der Soldaten und die Sicherstellung ihrer Ernährung wurden auch die Viehbestände der Landwirte in fast allen Gebieten des Kaiserreichs nahezu vollständig vernichtet. Deshalb war eine schnelle Erholung des Volkes und der Landwirtschaft mit ihrem Vieh unmöglich, dies stürzte die Bauern wiederum in eine finanzielle Notlage und Existenzängste. Sie mussten ihren Besitz an ihre adligen Herren abtreten, wodurch sie nur noch mehr in eine Abhängigkeit dieser gerieten.

Es gab zudem noch angehäufte Kriegskosten, die beglichen werden mussten. So hatten Fürstentümer wie Bayern oder Sachsen enorme Schulden, die sie nicht begleichen konnten, da durch die Folgen des Krieges keine Einnahmen in ihre Landeskassen kamen. Das Volk war zu großen Teilen vernichtet und die, die noch übrig waren, kämpften um ihr Überleben. So konnten sich auch einzelne Gewerbe nicht schnell erholen, was wiederum zur großen Armut in der Bevölkerung und zu dem Schuldenberg der Länder beitrug.

Kulturell musste das *Heilige Römische Reich Deutscher Nation* ebenfalls einiges einbüßen: Der kulturelle Einfluss außerdeutscher Mächte verstärkte sich vor allem durch die Abgabe deutscher Gebiete an Großmächte wie Frankreich und Schweden. So übernahm man in den jeweiligen Regionen die Kulturen der neuen Landesherren, die deutschen Bräuche gerieten dort in Vergessenheit oder mischten sich mit den ausländischen. Im Krieg selbst wurden viele Kulturgüter zerstört, geklaut oder als Gewinn übertragen. Bibliotheken wurden an andere Mächte weitergegeben, so brachte man zum Beispiel die von Mainz und Würzburg nach Schweden und die Heidelberger Bibliothek zum Vatikan.

ERINNERUNGEN AN DEN DREIßIGJÄHRIGEN KRIEG

Die Menschen der damaligen Zeit hielten den langen Krieg auf verschiedene Weise präsent und für die nachfolgenden Generationen fest. Man schrieb Bücher, Gedichte und Lieder über das Kriegsgeschehen, die Folgen und auch über Kriegshelden.

Friedrich Schiller zum Beispiel schrieb ein Werk aus drei Teilen, welches er 1799 vollendete: „Wallensteins Lager", „Die Piccolomini" und „Wallensteins Tod" werden unter dem Namen des Feldherrn zusammengefasst und handeln vom Aufstieg und Niedergang dessen. Dabei orientiert sie sich an realen historischen Ereignissen, das Werk ist aber auch mit frei erfundenen Szenen geschmückt. Das gesamte Werk spielt nach Kriegsbeginn im Winter 1633/1634 in Pilsen, einer böhmischen Stadt, in welcher Wallenstein damals mit seinen Truppen im Winterquartier war. Beschrieben wird sein Scheitern als Oberbefehlshaber der kaiserlichen Armee, als er begann, gegen den Willen des Kaisers zu arbeiten und zu handeln. Am Ende spielt das letzte Buch am Ort Wallensteins Todes und endet mit seiner Ermordung.

Ein Beispiel für eine bekannte Dichtung ist das Gedicht „Tränen des Vaterlandes" von Andreas Gryphius. Dieser gilt als bedeutendster Lyriker der Zeit des deutschen Barocks. Sein Gedicht handelt von den Folgen des Krieges, welche vor allem danach sichtbar waren:

Andreas Gryphius: *Tränen des Vaterlandes*

Wir sind doch nunmehr ganz,

ja mehr den ganz verheeret!

Der frechen Völker Schar, die rasende Posaun

Das vom Blut fette Schwert,

die donnernde Karthaun

Hat aller Schweiß, und Fleiß,

und Vorrat auf gezehret.

Die Türme stehn in Glut,

die Kirch` ist umgekehret.

Das Rathaus liegt im Graus,

die Starken sind zerhaun,

Die Jungfern sind geschänd´t,

und wo wir hin nur schaun,

Ist Feuer, Pest, und Tod,

der Herz und Geist durchfähret.

Hier durch die Schanz und Stadt,

rinnt allzeit frisches Blut.

Dreimal sind schon sechs Jahr,

als unser Ströme Flut,

Von Leichen fast verstopft,

sich langsam fort gedrungen,

Doch schweig ich noch von dem,

was ärger als der Tod,

Was grimmer denn die Pest,

und Glut und Hungersnot,

Dass nun *der Seelen Schatz so vielen abgezwungen.*

Zusammenfassung: Das Wichtigste auf einen Blick

In welchem Zeitraum wird der Krieg datiert?

Die Zeit vom 23. Mai 1618, dem Tag des *Prager Fenstersturzes*, bis zur Unterzeichnung des *Westfälischen Friedens* am 24. Oktober 1648 grenzt den Dreißigjährigen Krieg ein.

In welchen Gebieten wurde gekämpft?

Der meiste Teil des Krieges fand auf dem Boden des *Heiligen Römischen Reichs Deutscher Nation* statt, doch auch in benachbarten Gebieten fand man vereinzelte Kämpfe. So wurde zum Beispiel das Jütland durch kaiserliche Truppen besetzt.

Andere Konflikte waren ebenfalls mit dem Dreißigjährigen Krieg verbunden. Ein Beispiel hierfür ist der Französisch-Spanische Krieg von 1635 bis 1659.

Wer kämpfte gegen wen?

Reichsintern kämpfte die *Katholische Liga* gegen die *Protestantische Union* an. Dabei standen das Kaiserreich und die Habsburger unter der Herrschaft von Kaiser Ferdinand II. sowie das Königreich Bayern unter König Maximilian und die Spanier auf der Seite der Katholiken. Die Protestanten wurden von böhmischen Adligen, den Königreichen Dänemark und Schweden und auch durch das katholische Frankreich unterstützt.

Außerhalb des deutschen Kaiserreichs fanden Kämpfe zwischen den habsburgischen deutschen Mächten, Spanien, Frankreich, den Niederlanden,

Dänemark und Schweden um die Vormachtstellung statt.

Warum kam es zum Dreißigjährigen Krieg?

Als Auslöser des Krieges galt der *Prager Fenstersturz*. 1618 lehnten sich die protestantischen böhmischen Adligen gegen ihren katholischen Herrscher König Ferdinand und dessen Rekatholisierung auf. Dabei stürmten sie die Prager Burg und warfen dessen Vertraute aus dem Fenster. Die Böhmen ernannten Friedrich V. von der Pfalz zu ihrem neuen König.

In welche Phasen wird der Krieg unterteilt?

Die verschiedenen Kämpfe unterteilt man in vier Phasen, die nach den jeweils beteiligten Streitmächten benannt sind. So unterscheidet man zwischen dem Böhmisch-Pfälzischen, Dänisch-Niedersächsischen, Schwedischen und Schwedisch-Französischen Krieg, wobei letzterer nur die Namen der miteinander verbündeten Mächte statt der Gegner trägt.

Was passierte im Böhmisch-Pfälzischen Krieg?

1618 bis 1623:

In diesem ersten Teil des Krieges kämpfte die *Katholische Liga* gegen die *Protestantische Union* in Böhmen. Die Truppen der Katholiken waren stärker als die protestantischen, so siegte das Heer des Kaisers 1620 bei der *Schlacht am Weißen Berg* nahe Prag über ihre Gegner. Daraufhin rückten die kaiserlichen Truppen immer mehr in protestantische Gebiete vor und konnten schließlich die Pfalz für sich erobern. König und Kurfürst Friedrich V. floh vor den Katholiken, die Protestanten zogen sich zurück und suchten Hilfe bei gleich gesinnten Kurfürsten und außerdeutschen Königen.

Was passierte im Dänisch-Niedersächsischen Krieg?

1623 bis 1630:

Die Dänen griffen in den Krieg ein. Mit einem großen Heer marschierten sie zur Unterstützung deutscher Protestanten im Kaiserreich vor und siegten vorerst über die katholischen Truppen des Kaisers. Dieser engagierte schließlich Wallenstein, welcher eine mächtige Armee aufstellte und gegen die Dänen in den Kampf zog. Zu dieser Zeit etablierte sich das System der Kontribution, die Regel „Der Krieg ernährt den Krieg" wurde durchgesetzt. Die starken Söldner Wallensteins schlugen die dänischen Soldaten, woraufhin Dänemark sich 1629 aus dem Kriegsgeschehen zurückzogen.

Was passierte im Schwedischen Krieg?

1630 bis 1635:

Nach der Niederlage der Dänen ergriff der schwedische König seine Chance und marschierte mit einem mächtigen Heer zuerst im Norden des Deutschen Reichs ein. Die kaiserlichen Truppen waren geschwächt, da Ferdinand Wallenstein entlassen musste. So gelang es den Schweden, die katholischen Truppen immer wieder zu besiegen und zurückzudrängen. Sie marschierten bis nach München vor und konnten so in gerade mal zwei Jahren die Machtverhältnisse im deutschen Kaiserreich umdrehen. In seiner Not rief der Kaiser Wallenstein zurück in sein Amt, dieser konnte erneut eine starke Armee aufstellen und so die Schweden schlagen.

1635 verhandelte der deutsche Kaiser mit den beteiligten Mächten den *Prager Frieden*.

Was passierte im Schwedisch-Französischen Krieg?

1635 bis 1648:

Die Franzosen waren gegen das Friedensabkommen, da sie den habsburgischen deutschen Kaiser weiter in seiner Macht schwächen wollten und zeitgleich ihren Krieg gegen die Spanier fortführen und gewinnen wollten. So verbündeten sie sich mit Schweden und traten aktiv in das Kriegsgeschehen ein. Gemeinsam bekämpften sie die Truppen des Kaisers in vielen blutigen Schlachten. Dieser Kriegsabschnitt war der längste und brutalste.

Wie wurde der Krieg finanziert?

Die enorme Zahl der Soldaten machte die Finanzierung für den Kaiser und die deutschen Fürsten unmöglich. So setzte man den Grundsatz „Der Krieg ernährt den Krieg" durch: Die Söldnertruppen mussten von der Bevölkerung unterhalten werden. Die Menschen, die in den Kriegsgebieten lebten, mussten das Heer bezahlen, mit Nahrung versorgen, ihnen ein Heim bieten und Gewalt und Raub über sich ergehen lassen. Infolgedessen schlossen sich viele Menschen Söldnertruppen an, um dieser Last zu entgehen.

Wie beendete man den Krieg?

1648 legte man nach jahrelangen Verhandlungen durch den *Westfälischen Frieden* das Kriegsende fest. Man beschloss die Wiederherstellung des *Augsburger Religionsfriedens,* der Herrscher eines Gebietes konnte nun wieder die Religion seiner Untertanen festlegen. Die Fürsten erhielten Souveränität über ihre Territorien, der habsburgische Kaiser wurde in seiner Macht geschwächt. Schweden und Frankreich gingen als Sieger des Krieges hervor, sie erhielten Gebiete von Spanien und auch deutsche Ländereien.

Wie viele Opfer forderten die langen Kämpfe?

Ein Krieg dieser Länge forderte auch viele Opfer, allerdings kann man sich hier nur auf grobe Schätzungen berufen, so geht man von ungefähr sechs Millionen Kriegsopfern aus. Trotzdem muss bedacht werden, dass die meisten Toten durch die Folgen des Krieges, also aus Hungersnöten und Seuchen, zustande kamen. Zusätzlich dazu ermordeten viele Söldner in den Gebieten, die sie durchzogen, die dortige Bevölkerung ohne Grund und Gegenwehr. In besonders stark betroffenen Landstrichen starben zwischen 40 und 60 Prozent der gesamten Bevölkerung an den Kämpfen oder deren Folgen.

Wie litt die Bevölkerung auch nach Kriegsende noch unter dessen Folgen?

Das Finanzierungssystem während des Krieges sorgte für eine große Armut unter der Bevölkerung. Diese war von Hunger, Raub, Gewalt und Mord begleitet. Das geschwächte Volk litt unter Hungersnöten, was das Gesundheitssystem schwächte. Dadurch konnten sich viele Krankheiten und Seuchen ausbreiten, so kam es zu einer nächsten großen Pestwelle. Zudem waren durch den Krieg viele Ehemänner und Väter gestorben, so standen viele Familien nun ohne ihr Oberhaupt und ihren Versorger da. Viele Kinder wurden zu Waisen. Generell dauerte es sehr lange, bis sich die Bevölkerungszahl wieder erholt hatte.

Wie kam es zur Namensgebung des Krieges?
Allgemein weiß man, dass diese Zeit bereits kurz nach dem Schluss des *Westfälischen Friedens* als Dreißigjähriger Krieg bezeichnet wurde. Wegen der verschiedenen Konflikte, die man nicht wirklich voneinander unterscheiden konnte und die während des Krieges sehr ineinander griffen, war wahrscheinlich die Dauer des Krieges die einfachste mögliche Bezeichnung. Zusätzlich dazu handelt es sich bei 30 Jahren um eine runde Zahl, was diese Bezeichnung befürwortete.

Herstellung und Verlag:

BoD – Books on Demand, Norderstedt

ISBN: 9783755756231

© Konstantin Bergmann 2022

1. Auflage

Kontakt: Psiana eCom UG/ Berumer Str. 44/ 26844 Jemgum

Covergestaltung: Fenna Larsson

Coverfoto: depositphotos.com